DISCOURS

PRONONCÉS LE 8 OCTOBRE 1883

SUR LA TOMBE

DE M. EDMOND PILLET

ANCIEN PHARMACIEN,
ANCIEN ADMINISTRATEUR DE L'HOSPICE GÉNÉRAL,
ANCIEN JUGE AU TRIBUNAL DE COMMERCE,
ANCIEN PRÉSIDENT DE LA SOCIÉTÉ DE MÉDECINE,
ANCIEN MEMBRE DU JURY MÉDICAL D'INDRE-ET-LOIRE,
PRÉSIDENT DE LA COMPAGNIE D'ASSURANCE MUTUELLE
D'INDRE-ET-LOIRE.

PAR

M. BARNSBY

PHARMACIEN EN CHEF DE L'HOSPICE GÉNÉRAL
PROFESSEUR DE L'ÉCOLE DE MÉDECINE

ET PAR

M. SAINTON

ANCIEN INTERNE DES HOPITAUX DE PARIS
MÉDECIN EN CHEF DE L'HOSPICE ET DE L'ASILE DES ALIÉNÉS

TOURS
IMPRIMERIE PAUL BOUSREZ
1883

DISCOURS

PRONONCÉS LE 8 OCTOBRE 1883

SUR LA TOMBE

DE M. EDMOND PILLET

DISCOURS

PRONONCÉS LE 8 OCTOBRE 1883

SUR LA TOMBE

DE M. EDMOND PILLET

ANCIEN PHARMACIEN,
ANCIEN ADMINISTRATEUR DE L'HOSPICE GÉNÉRAL,
ANCIEN JUGE AU TRIBUNAL DE COMMERCE,
ANCIEN PRÉSIDENT DE LA SOCIÉTÉ DE MÉDECINE,
ANCIEN MEMBRE DU JURY MÉDICAL D'INDRE-ET-LOIRE,
PRÉSIDENT DE LA COMPAGNIE D'ASSURANCE MUTUELLE
D'INDRE-ET-LOIRE.

PAR

M. BARNSBY

PHARMACIEN EN CHEF DE L'HOSPICE GÉNÉRAL
PROFESSEUR DE L'ÉCOLE DE MÉDECINE

ET PAR

M. SAINTON

ANCIEN INTERNE DES HOPITAUX DE PARIS
MÉDECIN EN CHEF DE L'HOSPICE ET DE L'ASILE DES ALIÉNÉS

TOURS
IMPRIMERIE PAUL BOUSREZ

1883

DISCOURS

PRONONCÉS LE 8 OCTOBRE 1883

SUR LA TOMBE

DE M. EDMOND PILLET

Le lundi 8 octobre, ont eu lieu, à dix heures du matin, les obsèques de M. Edmond Pillet, ancien administrateur de l'hospice général, ancien juge au tribunal de commerce, ancien président de la Société de médecine d'Indre-et-Loire, président de la Compagnie d'assurance mutuelle d'Indre-et-Loire, décédé le vendredi 5, à l'âge de quatre-vingts ans.

Une foule nombreuse suivait le convoi de cet homme de bien qui, pendant sa longue existence, a rempli avec beaucoup de zèle les nombreuses fonctions publiques dont il fut investi.

Deux discours ont été prononcés au cimetière : l'un par M. Barnsby, professeur à l'école de médecine de Tours, l'autre par M. le docteur Sainton, médecin en chef de l'hospice général.

DISCOURS DE M. BARNSBY

Messieurs,

Au nom des anciens élèves de M. Edmond Pillet, au nom des pharmaciens de notre cité, je viens adresser un dernier hommage et un suprême adieu au maître aimé et respecté de tous, au cher et vénéré confrère que la mort vient de nous ravir.

Il appartenait sans doute à une voix plus autorisée que la mienne de prendre en leur nom la parole sur cette tombe entr'ouverte ; si j'ai revendiqué cet honneur, c'est que j'y ai vu un devoir à remplir, une dette de reconnaissance à acquitter, c'est que j'ai pensé qu'il appartenait à celui de ses anciens collègues et collaborateurs qu'il affectionnait le plus, de venir devant cet imposant cortège de parents et d'amis, non seulement rendre ce dernier hommage, mais aussi rappeler les services rendus par Ed. Pillet à ses concitoyens et à son pays, dire ce qu'il a été comme pharmacien, comme membre du jury médical et du conseil d'hygiène, comme administrateur du jardin botanique et de l'hospice général, retracer, en un mot, sa vie laborieuse et utile.

Après avoir étudié sous la direction des plus célèbres professeurs de Paris et avoir obtenu le diplôme de pharmacien de 1re classe, M. Ed. Pillet venait, en 1832, prendre possession d'une des premières pharmacies de Tours.

Il était à peine établi qu'il conquérait les plus vives sympathies.

Instruit à l'école des maîtres en pharmacie les plus éminents de la capitale, il apportait dans sa ville natale les anciennes et précieuses traditions de la bonne pharmacie française, traditions qu'il a conservées jusqu'à la fin et qui ont si grandement contribué à faire de son officine la plus importante et la plus renommée de la région. Il vit dès cette époque venir à lui les jeunes débutants et commença à former ces nombreux élèves, qui, tous, ont gardé de lui le meilleur souvenir et se sont toujours montrés fiers d'avoir été sous sa direction.

Nommé, dès le début de sa longue carrière, membre du jury médical, il se fit remarquer comme un examinateur érudit; il sut, en outre, dans l'accomplissement des délicates et difficiles fonctions d'inspecteur des pharmacies du département, faire accepter ses sages conseils et obtenir que chacun suivît son exemple, se conformât à la loi.

Il resta pendant près de quarante ans chargé de l'inspection, et, chose rare, il ne se fit pas un ennemi, il n'eut que des amis.

Il n'est pas un de ses contemporains en pharmacie qui ne l'ait considéré comme un maître, et je puis dire bien haut, avec tous les membres de notre profession, *qu'il en a été l'honneur*.

Les membres du corps médical apprécièrent de bonne heure les grandes qualités du praticien qui leur apportait un concours aussi éclairé que consciencieux. M. Edmond Pillet entra bientôt à la Société de médecine d'Indre-et-Loire, et après avoir été successivement, et à plusieurs reprises, trésorier, vice-président et président, il resta le doyen justement honoré de tous les membres de cette savante compagnie.

Les magistrats firent appel à ses connaissances en chimie légale et le désignèrent comme expert des tribunaux. L'un des premiers, il fit l'application de l'appareil de Marsh. — Ses élèves se rappellent avec quelle habileté il manipulait, quelles précautions infinies et quelle précision il apportait dans ses expériences de toxicologie.

Il jouissait d'ailleurs d'une grande considération comme chimiste et méritait bien la confiance que lui témoignait sa nombreuse clientèle.

L'estime et l'affection publique lui furent promptement acquises. Ses concitoyens l'appelèrent à les représenter au conseil municipal et à siéger au tribunal de commerce. Chacun sait avec quelle modestie, mais aussi avec quel bon sens, il s'associait aux délibérations de l'assemblée communale et formulait son avis sur toutes les questions qui lui étaient soumises.

Nommé membre du conseil central d'hygiène publique et de salubrité d'Indre-et-Loire, il fit preuve, dans l'exercice de ses nouvelles fonctions, de la même activité et du même dévouement. Ses anciens collègues se rappellent avec quel soin scrupuleux il examinait les affaires qui lui étaient confiées et rédigeait les rapports présentés à chacune de nos séances. Il se plaisait, du reste, dans l'étude de ces questions d'hygiène, questions qui intéressent à un si haut degré le bien-être des populations. Aussi était-il devenu, en même temps que le doyen, l'un des membres les plus compétents et les plus expérimentés du conseil. Il payait souvent de sa personne et n'hésitait jamais lorsque l'administration supérieure faisait appel à son concours. C'est ainsi qu'il faillit être victime de l'épidémie du choléra, lorsqu'il fut chargé, en 1849, de prendre les mesures nécessaires pour assainir le pénitencier de Tours.

Messieurs,

M. Ed. Pillet ne fut pas seulement un pharmacien accompli, un chimiste habile, il fut aussi botaniste. Lorsque Margueron créa le jardin botanique, il devint l'un de ses collaborateurs et fut, dès le début, membre des commissions administratives.

Qu'il soit permis au directeur de cet établissement de donner un témoignage public de reconnaissance à l'administrateur qui, pendant seize ans, l'a aidé de ses conseils, soutenu et encouragé dans les moments difficiles et a contribué pour une si large part à la prospérité du jardin de Tours.

M. Pillet aimait les plantes. Il avait exploré le département en compagnie d'un ami commun, de Jules Delaunay, le savant botaniste tourangeau, l'auteur du catalogue de la flore d'Indre-et-Loire. Que de fois il m'a accompagné dans mes herborisations! Quel plaisir il prenait, soit à signaler aux débutants une station connue seulement du petit nombre des initiés, soit à faire récolter à mes élèves ce qu'en langage botanique on nomme une *bonne plante*. Causeur aimable et possédant un fonds inépuisable d'anecdotes, sa présence au milieu de nous rendait nos excursions plus attrayantes encore et surtout plus instructives. Il aimait du reste à faire profiter les jeunes gens des connaissances si variées qu'il avait acquises en botanique comme dans toutes les autres branches.

Frappé dans ses plus chères affections, lorsque la mort lui enleva un fils unique si heureusement doué et si tendrement chéri, il se consacra plus complètement encore aux fonctions publiques qu'il n'avait cessé de remplir. Il avait cédé son officine, mais au lieu de prendre un repos bien mérité, il mit de nouveau son activité au service de ses concitoyens et accepta le poste d'administrateur de notre grand établissement hospitalier.

Pendant vingt ans et surtout aux époques néfastes de la guerre et des épidémies, il vint presque chaque jour visiter les différents services, apportant à ses collègues, qui le tenaient en haute estime, le concours de ses connaissances spéciales et de sa grande expérience des hommes et des choses.

Sa bonté était proverbiale. Les malades et les pauvres s'adressaient volontiers à lui. Il avait pour chacun une parole bienveillante ; il tendait à tous une main secourable.

Ce fut dans ces dernières années seulement que sonna pour M. Ed. Pillet l'heure du repos.

Souvent affaibli, jamais abattu par la maladie, il vécut dès lors dans l'intimité de la famille la plus unie, entouré et comblé des soins les plus dévoués et les plus affectueux, accueillant toujours avec joie et les deux mains tendues l'ami qui venait l'entretenir du passé, des expertises, des excursions, et des travaux faits en commun. C'est là que la mort vint le surprendre.

Telle a été, Messieurs, la vie de l'homme honnête et bon, de l'homme de bien dont nous déplorons la perte, telle a été cette vie si noblement remplie qu'elle peut se résumer en ces trois mots :

Travail, honneur, dévouement.

J'éprouve, Messieurs, une profonde tristesse au moment de dire un dernier adieu à l'ami, au cher et vénéré confrère.

En présence de cette tombe qui va se fermer pour toujours je ne puis qu'offrir à la famille éplorée, à l'épouse si dévouée et déjà si cruellement frappée, le sincère et pieux hommage de nos regrets, et souhaiter que l'unanime témoignage de sympathie donné par les nombreux amis accourus à ces funérailles puisse apporter quelque adoucissement à leur si grande et si légitime douleur.

DISCOURS DE M. SAINTON.

Messieurs,

La Société médicale d'Indre-et-Loire a chargé son secrétaire général d'adresser un dernier adieu à son vénéré doyen, M. Pillet. C'est à d'autres plus autorisés qu'il appartient de vous retracer dans tous ses détails sa longue carrière si bien remplie et si parfaitement honorable, sa vie de dévouement à la science et au bien. Mais je dois dire en quelques mots quel a été son rôle dans notre Société, dont il a été toujours l'un des membres les plus assidus : nous l'avons vu suivre très régulièrement nos séances jusqu'au jour où la maladie l'en a tenu forcément éloigné ; il y a rempli les fonctions de trésorier pendant plus de quarante années, et, à plusieurs reprises, celle de président annuel.

Il y a peu de mois qu'il venait encore apporter son concours à nos discussions et les animer de son entrain. C'est là que j'ai pu apprécier, outre sa bienveillance constante et l'extrême aménité de son caractère, son intelligence toujours vive, son esprit ouvert à tous les progrès scientifiques, sa mémoire riche de faits et d'observations.

Tel est le membre dont notre Société porte le deuil. Pharmacien de haute valeur et savant chimiste, il avait une compétence rare dans toutes les questions d'hygiène et de chimie légale, et il serait trop long d'énumérer tous les rapports importants qu'il rédigea comme membre du conseil d'hygiène ou comme expert du tribunal, mais je ne puis passer sous silence le dévouement avec lequel il se chargea, au péril de sa vie, de désinfecter le pénitencier envahi par le choléra en 1849.

A côté et au-dessus du savant, il y avait en lui un homme de bien, et c'est à ce double titre qu'il vivra longtemps encore dans le souvenir de tous ceux qui ont eu l'honneur de le connaître.

IMP. PAUL BOUSREZ, 5, RUE DE LUCÉ, A TOURS.

IMPRIMERIE PAUL BOUSREZ, A TOURS.

www.ingramcontent.com/pod-product-compliance
Lightning Source LLC
Chambersburg PA
CBHW070453080426
42451CB00025B/2718